世界遺産登録

富士山

構成資産ガイドブック

山梨日日新聞社

富士山は、神聖で荘厳な形姿を持ち、畏怖と憧憬の念とともに信仰の対象や芸術の源泉となってきました。

山梨、静岡両県は、この日本の宝を世界共通の宝として後世に引き継いでいくため、関係市町村とともに、2005年度から世界文化遺産登録を目指して活動をスタート。2007年1月には、国連教育科学文化機関（ユネスコ）世界遺産委員会の登録候補物件目録である「暫定リスト」に登録されました。

2012年夏にはユネスコの諮問機関である国際記念物遺跡会議（イコモス）が現地を調査。2013年4月にイコモスが世界遺産委員会に対して「登録」を勧告し、同年6月にカンボジア・プノンペンで開催された世界遺産委員会で登録が決定しました。

世界遺産としての富士山は山梨、静岡両県の登山道や富士五湖、忍野八海、御師《おし》住宅、富士山に関係の深い浅間神社などで構成されています。これらの構成資産は、修験道や富士講といった山岳信仰の対象として崇められた一方、浮世絵や文学作品などの芸術を生み出す源泉となってきました。また、富士山目当てに来日する外国人旅行客は昔も今も多く、世界遺産登録を機に海外でも「富士山」の知名度は高まっています。

"日本の宝"から"世界の宝"となった富士山。本書では、美しい写真とともに、すべての構成資産を網羅して富士山との関わりを紹介。現地を訪れる際のガイド本としてもご利用できます。

至 甲府市・甲府南IC
歌舞伎文化公園
薬王寺
あしがわ
身延線
一宮浅間神社
大門碑林公園
中央市
1118 名所山
新鳥坂トンネル
1121 滝戸山
913 天狗山
右左口トンネル
1025.3 日陰山
右左口峠
甲府市
笛吹市
千波ノ滝
大畠山 1117.6
四尾連湖
藤田峠
不動滝
尾股山 1020
水ノ沢山 1134
節刀ヶ岳 1736
金山 1686
鬼ヶ岳 1735
十二ヶ岳 1680
鍵掛峠
鍵掛 1589
市川三郷町
蛾ヶ岳 1279
大平山 1188.3
釈迦ヶ岳 1271.2
烏帽子山 1161.1
王岳 1623.4
富士河口湖町
三方分山 1422
精進湖トンネル
西湖いやしの里根場
いずみの湯
天狗岩
西湖野鳥の森公園
P20 西湖
精進の大杉
精進湖観光案内所
西湖コウモリ穴
西湖民宿村
P22 精進湖
青木ヶ原
鳴沢溶岩樹型
パノラマ台 1328
紅葉台 1164.7
卍方外院
反木川
東海自然歩道
竜宮洞穴
紅葉台木曽馬牧場
烏帽子岳 1257.4
中之倉トンネル
沢川
道の駅しもべ
甲州いろは坂
千円札富士山のビューポイント
富岳風穴
蝙蝠穴
城山
青木ヶ原樹海
鳴沢氷穴
道の駅なるさわ
なるさわ富士山博物館
富士眺望の湯 ゆらり
パディーフィールド
本栖湖
P24
本栖湖観光案内所（本栖歴史館）
いちのせ
身延町
遊覧船
栃代川
青少年スポーツセンター
（ダイヤモンド富士）
竜ヶ岳 1485
富士裾野
富士風穴
本栖風穴
大室洞穴
神座風穴附蒲鉾穴および目鏡穴
富士本栖湖リゾート
展望台
大室山 1468
長尾山 1424.1
天神山
天神峠
至身延町・R52
雨ヶ岳 1771.7
端足峠
雨河内川
富士山原始林
片蓋山 1468
ふじてんリゾート
スノーリゾート・リリーパーク
二合
下部温泉
道の駅朝霧高原（県ふれあいの森）
あさぎりフードパーク
毛無山 1945.5
朝霧高原
朝霧高原パラグライダースクール
富士花鳥園
不動の滝
ふもとっぱら
下部川
門西家住宅
二ツ山 1492
幸助山 1894
東京農大富士農場
東海自然歩道
奥庭
朝霧野外活動センター
朝霧アリーナ
猪之頭湧水群
鱒の家
ドライブインもちや
陣馬の滝
芝川
富士養鱒場
人穴富士講遺跡 P58
富士浅間神社
朝霧フィールドドッグガーデン
小田貫湿原
三石山 1173
静岡県畜産試験場
田貫湖
日本盲導犬センター
富士ハーネス
長者ヶ岳 1335.8
休暇村富士
富士山YMCA
グローバル・エコ・ヴィレッジ
まかいの牧場
富士桜自然墓地公園
田貫湖ふれあい自然塾
まきばの駅
富士ミルクランド
南部町
天子ヶ岳 1330
風の湯
曽我の隠岩
富士宮市
静岡県
P60 白糸ノ滝
静岡富士病院

至笛吹市・一宮御坂IC
至 大月
都留IC
釈迦ケ岳
屏風岩
御坂山
御坂トンネル
天下茶屋
御巣鷹山
三ッ峠山
黒岳
破風山
新道峠
木無山
屏風岩
鳥帽子岩
達磨石
西桂町
母の白滝
河口浅間神社
P38
憩いの森公園
三ツ峠グリーンセンター
野天風呂天水
久保田一竹美術館
大石紬伝統工芸館
大石公園
河口湖クラフトパーク
河口湖オルゴールの森
河口湖生活自然館
P50
河口湖
河口湖美術館
霜山
河口湖北原ミュージアム
河口湖ハーブ館
河口湖ミューズ館
P40
冨士御室浅間神社
八木崎公園
大池公園
小海公園
河口湖温泉寺
開運の湯
山梨宝石博物館
新倉山浅間公園
かわぐちこ
天上山公園
カチカチ山ロープウェイ
道の駅かつやま
富士河口湖町役場
富士河口湖観光総合案内所
河口湖IC
富士急ハイランド
富士ビジターセンター
町民体育館
富士吉田IC
河口湖ステラシアター
河口湖総合公園
富士北麓駐車場
ミフジヤマ温泉
昭和大学
北口本宮冨士浅間神社
P18
山梨県環境科学研究所
健康科学大学
富士スバルランドドギーパーク
地ビールレストラン シルバンズ
河口湖フィールドセンター
船津胎内樹型
P56
創造の森
吉田胎内樹型
P56
富士北麓公園
泉端
中ノ茶屋
諏訪の森自然公園（パインズパーク）
小倉山
道の駅ふじよしだ
富士山レーダードーム館
リフレふじよしだ
ふじやまビール館ブラッツ
富士山アリーナ
雁ノ穴
御師住宅（小佐野家横造復元住宅）
富士吉田市歴史民俗博物館
P44
鳴沢村
富士吉田市
富士山世界文化遺産金鳥居インフォメーションセンター
富士吉田市観光案内所
御師住宅（旧外川家住宅）
P42
しもよしだ
げっこうじ
ふじきゅうハイランド
よしいけおんせんまえ
ことぶき
みつとうげ
中央自動車道
富士急行
明見湖
山ノ神のフジ
倉見山
ひがしかつら
とおかいち
都留文科大
やむらまち
谷村PA
城山
つるし
広教寺
大幡川
柄杓流川
桂川
都留市
鹿留川
鹿留山
杓子山
不動湯
鳥居地峠
高座山
立ノ塚峠
忍野村
四季の杜・おしの公園
岡田紅陽写真美術館
小池邦夫絵手紙美術館
忍野八海
P52
森の中の水族館。
さかな公園
森の学習館
ハリモミ純林
自衛隊駐屯地
二十曲峠
石割山
至道志村
旧鎌倉往還
梨ケ原
梨ケ原廠舎
北富士演習場
山中湖IC
紅富士の湯
山中湖花の都公園
清流の里
フローラルドームふらら
大平山
石割の湯
山中湖村
平野観光案内所
長池親水公園
遊覧船
（ダイヤモンド富士）
山中湖交流プラザきらら
山中湖
P48
夕焼けの渚
パノラマ台
三国峠
三国山
山中湖観光案内所
山中湖文学の森公園
三島由紀夫文学館
徳富蘇峰館
情報創造館
俳句の館 風生庵
蒼生庵
大洞山
籠坂峠
富士急山中湖別荘地
籠坂トンネル
藤原光親墓
東富士五湖道路
鷹丸尾
富士裾野
山梨県
吉田口登山道
P16
精進原レンゲツツジ及びフジザクラ群落
富士スバルライン
丸山
馬返
一合
二合
三合
四合
富士河口湖町飛び地
小室浅間神社
小御岳神社
富士スバルライン五合目
吉田口五合目
富士山安全指導センター
七合
八合
本八合
御来光
六合
小富士
古御岳神社
御室浅間神社
砂払五合
富士山
白山岳
剣ケ峰
金明水
銀明水
富士山特別地域気象観測所
富士山本宮浅間大社奥宮
須走口登山道
P16
山頂の信仰遺跡群
P12
須走口五合目
幻の滝
獅子岩
宝永山
大宮・村山口登山道（現富士宮口登山道）
P14
富士宮口五合目
須山口登山道（現御殿場口登山道）
P14
御殿場口新五合目
太郎坊
幕岩
御胎内祠
富士山スカイライン
富士山国有林
小山町
温泉天恵
道の駅すばしり
須走IC
冨士浅間神社（須走浅間神社）
P36
自衛隊演習場
富士裾野
大日堂
東富士ダム
御殿場市
馬術スポーツセンター
国立中央青少年交流の家
自衛隊駐屯地
五本松
一里松
御殿場口登山道
滝ケ原
前川
大乗寺
至御殿場市
御殿場市
1/136,900
3km
N

静岡県
富士宮市
南部町
人穴富士講遺跡 P58
白糸ノ滝 P60
山宮浅間神社 P30
村山浅間神社 P32
富士山本宮浅間大社 P28
三保松原 P62
猪之頭湧水群
陣馬の滝
鱒の家
ドライブインもちや
富士養鱒場
富士浅間神社
朝霧フィールドドッグガーデン
小田貫湿原
田貫湖
静岡県畜産試験場
日本盲導犬センター
富士ハーネス
富士桜自然墓地公園
三石山 1173
長者ヶ岳 1335.8
休暇村富士
田貫湖ふれあい自然塾
富士山YMCA
グローバル・エコ・ヴィレッジ
まかいの牧場
まきばの駅
富士ミルクランド
天子ヶ岳 1330
風の湯
曽我の隠岩
静岡富士病院
上井出IC
工藤祐経の墓
曽我兄弟の墓
二子山 805.8
狩宿の下馬サクラ
東海自然歩道
佐野峠
思親山 1030.9
天子湖
千居遺跡
いでぼく
富士宮道路
奇石博物館（石の博物館）
天子の七滝
大石寺
天母山 514.1
富士山天母の湯
富士裾野
北山本門寺
北山IC
天母山公園
富士山さくらの園
石神峠
下条妙蓮寺
山宮工業団地
柚野
白水山 811.8
下之坊
ふじのみやスポーツ公園
新稲子川温泉ユー・トリオ
桜峠
八木沢峠
三澤寺
芝川
稲子川
いで
富士宮鉄工団地
潤井川
道の駅とみざわ
西行峠
西山本門寺
富嶽温泉 花の湯
とおしま
いなご
富士川
お宮横丁
にしふじのみや
ふじのみや
富士宮駅前観光案内所
小泉久遠寺
げんどうじ
小泉出入口
安養寺
大峠
白尾山 237.7
白尾山公園
東京製紙
身延線
白鳥山 567.7
ふじね
施工技術総合研究所
山本勘助誕生地の碑
ぬまくぼ
新富士IC
西富士道路
富士水泳場
富士常葉大
いりやまぜ
明星山公園
明星山 224.6
曽我寺
富士総合運動公園
新富士製紙
広見公園
市立博物館
曽我兄弟墓
広見IC
有無瀬川
岩本山公園
富士IC
実相寺
ほんよしわら
ほんちょう
よしわら
雁堤
たてぼり
瑞林寺
嵐山 451
道の駅 富士川楽座
富士川SA
ロゼシアター
平家越えの碑
ゆのき
ジャトコまえ
小休本陣常盤邸
王子製紙
左富士の碑
金丸山 532
野田山健康緑地公園
ふじ
ふじさんめっせ
新富士駅観光案内所
山部赤人歌碑
ふじかわ
しんふじ
大丸山 572
蒲原トンネル
新富士川橋
道の駅富士
ふじのくに田子の浦みなと公園
富士川緑地
ディアナ号の錨
至 新清水JCT
至 清水IC
至 富士市・富士宮市
至 静岡駅
至 久能山・いちごライン
東海道新幹線
東海道本線
エスパルスドリームフィールド
しみず
しんしみず
真崎
東海大学海洋科学博物館
三保内浜海水浴場
三保飛行場
エスパルスドリームプラザ
清水マリンターミナル
富士山資料館
清水港
羽衣の松

富士山
富士山域
小富士
古御岳神社
御室浅間神社
小山町
温泉天恵
道の駅すばしり
須走IC
冨士浅間神社（須走浅間神社）
P36
白山岳
3756.4
金明水
銀明水
剣ケ峰
3775.6
須走口登山道
P16
山頂の信仰遺跡群
P12
富士山特別地域気象観測所
富士山本宮浅間大社奥宮
須走口五合目
幻の滝
獅子岩
自衛隊演習場
富士裾野
大日堂
御殿場口新五合目
大宮・村山口登山道
（現富士宮口登山道）
P14
宝永山
2693
須山口登山道
（現御殿場口登山道）
P14
富士宮口五合目
馬返
太郎坊
東富士ダム
御殿場口登山道
五本松
一里松
御殿場市馬術スポーツセンター
国立中央青少年交流の家
自衛隊駐屯地
滝ヶ原
前川
大乗寺
至御殿場市
幕岩
御胎内祠
富士山スカイライン
御殿場市
富士山国有林
水ケ塚公園
浅黄塚
1577
腰切塚
片蓋山
西臼塚
西黒塚
スノータウンイエティ
富士裾野
自衛隊演習場
印野の溶岩隧道
御胎内温泉
富士山樹空の森
二本杉
自衛隊駐屯地
東臼塚
1454.3
遊園地ぐりんぱ
1306
黒塚
鐘子山
南富士エバーグリーンライン
富士山麓山の村
天照教社
西川
神場山神社
境沢
境沢橋
井戸沢
原里バラ園
富士山須山遊歩道
富士山資料館
十里木高原
十里木高原別荘地
忠ちゃん牧場
御殿辻
P34
須山浅間神社
至御殿場IC
大野原
自衛隊演習場
駒門PA
駒門風穴
富士市
富士サファリパーク
富士山こどもの国
黒岳
1086.5
富士裾野工業団地
ヘルシーパーク裾野
田沢川
越前岳
1504.2
丸火自然公園
運動公園
下和田川
呼子岳
鋸岳
1296
位牌岳
1457.5
愛鷹山
大岳
1262
トヨタ東富士研究所テストコース
裾野IC
御殿場線
裾野市
いわなみ
佐野川
大久保川
第2東名高速道路
東名高速道路
池ノ平
846.3
愛鷹山
1187.5
須津川
大棚の滝
須津川渓谷
長泉町
桃沢川
裾野市中央公園
五竜の滝
沼津市
井上靖文学館
ビュフェ美術館
クレマチスの丘
すその
原田湧水公園
鎧ケ淵親水公園
採公園
医王寺
湧水公園
岳南鉄道
ひな
ふじおか
すど
かみや
東海道新幹線
えがしら
ながくぼ
東海大
富士竹類植物園
長泉工業団地
水と緑の杜公園
駿河湾沼津SA
長泉沼津IC
愛鷹広域公園
駿河平
沼津鉄工団地
沼津IC
あしたか太陽の丘
伊豆縦貫道
長泉IC
三島IC
ながいずみなめり
三島市総合観光案内所
沼川
浮島ヶ原自然公園
愛鷹PA
沼津岡宮IC
妙法寺（毘沙門天）
妙泉寺
高橋川
東海道本線
ひがし
たごのうら
鮎つぼの滝
しもとがい
みしま
三嶋大社
楽寿園
駿河湾
はら
松陰寺
千本松原
至沼津

世界遺産登録

富士山

構成資産ガイドブック

CONTENTS

富士山域

信仰Ⅰ（浅間神社を中心に）

信仰Ⅱ（名勝、天然記念物を中心に）

世界遺産「富士山」●構成資産

富士山域

山頂の信仰遺跡群

大宮・村山口登山道

須山口登山道

須走口登山道

吉田口登山道

北口本宮冨士浅間神社

西湖

精進湖

本栖湖

山頂《さんちょう》の信仰《しんこう》遺跡群《いせきぐん》

幾多の噴火を繰り返し、美しい独立成層火山の形姿となった富士山。富士山では、まず山麓から遥かに仰ぎ見て崇拝する「遥拝」の行為が始まった。その後、繰り返す噴火を鎮めるために、火口の底に鎮座する神を「浅間大神」として祀った。平安後期、噴火活動が沈静化すると、山岳信仰と密教などが習合した修験道の道場となって、山頂部では、寺院の造営や仏像の奉納が行われた。また、室町後期には、庶民も富士山に登拝するようになり、道者や富士講信者によって、死後世界とされる森林限界より上の境域の富士山体を一周する巡礼道が開かれた。

道者は山頂周辺で「御来迎《ごらいごう》」（現在の「御来光」）を拝み、噴火口直下の「内院」に鎮座する神仏（浅間大神や、その本地仏である大日如来）を拝し、火口壁周辺にいくつかあるピークを、仏教の曼荼羅における仏の世界に擬して巡拝する「お鉢めぐり」を行うことが一般的だった。

その後、明治政府の神仏分離令によって仏教的施設は神道の施設へと変化したが、山頂部に対する信仰自体は変化することなく、現在も多くの登山者が御来光を拝み、お鉢めぐりを行っている。

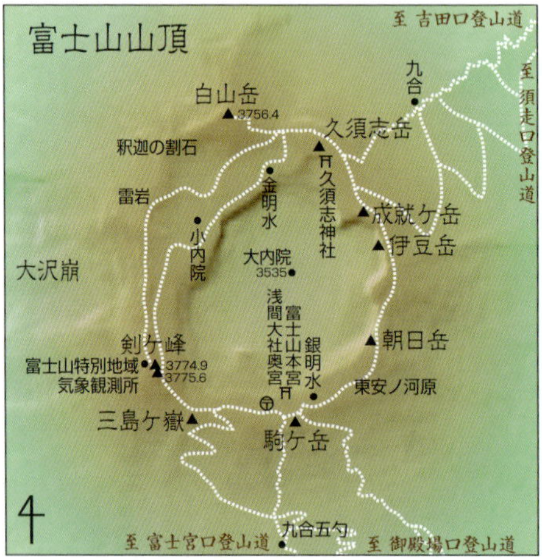

豆知識 お鉢めぐり

「お鉢」または「お釜」と呼ばれる山頂部分の噴火口を見ながら時計回りに1周すること。火口の直径は約800メートルで、歩行距離約3キロ。山頂には剣ケ峰をはじめ白山岳、久須志岳、大日岳（成就ケ岳）、伊豆岳、成就岳（朝日岳）、駒ケ岳、三島ケ嶽の８つのピーク（廃仏毀釈以前には薬師、阿弥陀、文殊の仏名がみえるが、必ずしも一定ではなかった）がある。この８つの峰を「八葉蓮華」（釈迦が座るハス）に例えて「お八めぐり」と呼ばれたといわれる。その後、富士山の形が鉢のようなので、「お鉢めぐり」となったという。

静岡県

大宮《おおみや》・村山口《むらやまぐち》登山道《とざんどう》

（静岡県富士宮市）

現在の富士宮口登山道で、もとは富士山南西麓の富士山本宮浅間大社を起点とし、村山浅間神社（興法寺）を経て山頂南側に至る。12世紀の修行僧・末代上人の活動によって富士山南麓における登山が始まったとされ、17世紀～19世紀後半まで、「村山三坊」と呼ばれた3つの有力な坊が登山道の管理を行い、所属の修験者が登山道などを利用して修行を行ったほか、道者の登拝にも使われた。

宿坊の記録によると、18世紀後半～19世紀初頭の道者数は、御縁年（富士山出現伝説に由来する60年に一度の記念の年）で約2,000人、平年で数百人と推測される。

1906（明治39）年、大宮から村山を経由せず六合目に至る新道が開通したため、ルートから外れた部分は登山道としての機能を失った。現在は1970（昭和45）年に標高2,400メートル地点まで開通した自動車道を利用しての登山が行われており、五合目から山頂までの区間を「富士宮口登山道」と呼んでいる。

静岡県

須山口《すやまぐち》登山道《とざんどう》

（静岡県御殿場市）

現在の御殿場口登山道。かつては富士山南東麓の須山浅間神社を起点とし、山頂南東部に至った。起源は不明だが、1487（文明19）年頃に書かれたとみられる『廻国雑記』で存在が確認できる。1707（宝永4）年の宝永噴火で壊滅的な被害を受け、一部ルートを変更。完全に復興したのは1780（安永9）年だった。

登山道および山頂部の井戸である銀明水は、須山浅間神社とその所在地・須山村（現裾野市）により管理されていた。また、登山道のいくつかの宗教施設は村山の修験者の行場（参拝所）としても使われたとされ、一合目付近の登山道沿いには、道者が立ち寄ったとされる須山御胎内が残っている。

1800（寛政12）年の御縁年には、須山口登山道を利用する道者も5,000人以上に上った。しかし、1883（明治16）年、御殿場口登山道が開削され、さらに1912（大正元）年、一部が陸軍演習場となり、須山口からの登拝は衰退。現在、二合八勺（標高2,050メートル）以下の登山道で当時の道が確認できるのは一部のみとなっている。

大宮・村山口登山道

須山口登山道

豆知識 末代上人

1132（天承2）年に富士山に登頂したとの記録がある。翌年の登頂で仏具と不動明王を刻んだ鏡を山頂に奉納したといわれる。古文書には「富士山に数百度登った修行僧」とあり、朝廷の写経を山頂に奉納したという記述もある。

豆知識 廻国雑記

室町時代の僧侶・道興が1486（文明18）年から翌年にかけて、越後、関東、甲斐、奥州などを旅して記した紀行文。漢詩、和歌、連歌などを交え、文学的価値が高く、各地の修験者の動向を知る上でも貴重な資料。

山小屋情報 **富士登山表富士宮口登山組合**
【問い合わせ先】http://www.fuji-tozan.com/

静岡県

須走口《すばしりぐち》登山道《とざんどう》

（静岡県小山町）

富士山東麓の冨士浅間神社を起点とし、須走口本八合目（標高3,350メートル）で吉田口登山道と合流して山頂東部に至る登山道。起源は不明だが、七合目（標高約2,925メートル）からは、富士山への奉納物としては現存最古で1384（元中元）年の銘のある懸仏が出土している。遅くとも17世紀には、冨士浅間神社とその所在地である須走村（現小山町）が登山道の山頂部までを支配し、散銭取得権の一部を得ていた。

やがて18世紀には山頂部の権利が富士山本宮浅間大社と争いになり、須走村は幕府に裁定を求め、その権利を認められた。1707（宝永4）年の宝永噴火で、冨士浅間神社や須走村は大被害を受けたが、幕府の支援を受けて翌年には復興、多くの道者を集めた。18世紀後半には、江戸と富士山との間に所在する霊地・巡礼地が須走口登山道とともに巡礼の経路となり、道者・富士講信者の数は年平均1万人に上った。だが、1959（昭和34）年のバス道路完成により、新五合目（標高約2,000メートル）以下の登山道はほとんど利用されなくなった。

山梨県

吉田口《よしだぐち》登山道《とざんどう》

（山梨県富士吉田市、富士河口湖町）

北口本宮冨士浅間神社を起点とし、富士山頂東部に至る登山道。13～14世紀には、修験の拠点ができあがっていたと考えられており、15世紀後半には、多くの道者が吉田口から登拝していたという記録がある。

16世紀から17世紀、長谷川角行が吉田口を利用して修行を行い、18世紀前半には富士講隆盛の礎を築いた食行身禄が、入定（宗教的自殺）に当たって信者の登山本道を「吉田口」と定めた。このため、富士講信者が次第に増加した18世紀後半以降は、他の登山道に劣らないほど多くの道者・富士講信者がこの登山道から山頂を目指した。

現在でも山頂を目指す登山道の中では最も登山者数が多く、古道としては唯一、徒歩で麓から頂上まで登れる重要な道。お山開きの7月1日、御来光を拝むため、山頂付近は"富士山銀座"と呼ばれるほど、登山客が大列をつくる。

豆知識

宝永噴火

富士山三大噴火の一つで、富士山の東南斜面で発生。大量の火山灰が吹き出し、約100キロ離れた江戸の町でも積灰が確認されている。この噴火によって3つの火口が形成され、標高の高い順に第1、第2、第3宝永火口と呼ばれている。

山小屋情報

富士登山表富士宮口登山組合

【問い合わせ先】

http://www.fuji-tozan.com/

豆知識

長谷川角行

戦国時代の行者で、俗名は長谷川武邦。最初は修験の道に入っていたが、ある日、神のお告げを受けて富士信仰を志し、富士山西麓の人穴を修行の場とした。彼は洞内に籠もり、4寸5分の角材の上に爪先立ちして苦行を積み修行成就して行名を「角行」としたといわれる。

山小屋情報

富士山吉田口旅館組合

【問い合わせ先】

http://www.mtfuji.jpn.org/

北口《きたぐち》本宮《ほんぐう》富士《ふじ》浅間《せんげん》神社《じんじゃ》

（山梨県富士吉田市）

吉田口登山道の起点に当たる北口本宮冨士浅間神社は、富士講や、富士講信者の世話と指導を行った御師と密接な関係を持ちながら発展した。富士山に対する遥拝所を起源とし、古代には最初の鳥居が建立された。

木造では日本最大の鳥居をくぐると、富士講信者たちによって建てられた石碑が並ぶ。本殿、東宮本殿、西宮本殿は国指定の重要文化財。中でも北条義時が創建し、16 世紀中ごろに武田信玄が再建した東宮本殿は最も古く、室町時代の構造様式を見ることができる。1730 年代には、富士講の中興の祖である村上光清の寄進によって境内の建物群の造営と修復が行われ、現在の景観の礎が形成された。

古くから多くの登拝者が、拝殿で参拝した後、富士山頂を目指した。現在でも、7月1日に開山祭が開かれ、その前日には登山口の注連縄を切り落とす古式ゆかしい儀式などが行われている。

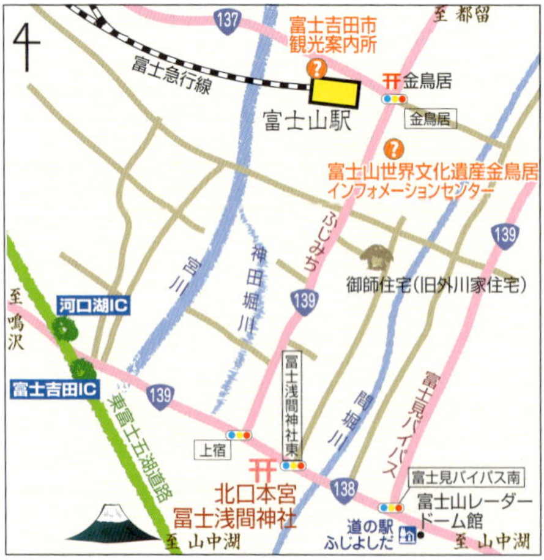

豆知識

御師《おし》

「登拝（信仰登山）」が始まったのは平安後期。それ以降、富士山の神霊と崇拝者の間にたち、崇拝者に代わって祈りを捧げ、お札を配り、登拝（信仰登山）の際には自宅を宿泊所として提供し、富士信仰を広める役割を果たした人々。最盛期、富士吉田には御師の家が 80 軒以上あった。

近隣スポット

富士山レーダードーム館

【所在地】富士吉田市新屋 1936-1【問い合わせ先】TEL 0555-20-0223

冨士太郎杉

浅間社
北口本宮

西湖《さいこ》

（山梨県富士河口湖町）

その昔、富士山北麓には「剗《せ》の海」という大きな湖があったが、9世紀に起きた富士山の噴火で本栖湖と剗の海に溶岩が流れ込み、分断して西湖と精進湖が生まれた。現在でも、増水時には本栖湖を含む3つの湖の水位が同じように推移することから、地下でつながっていると考えられている。16世紀後半、長谷川角行は富士山麓の湖沼で水行をおこなったとされ、その伝説から富士講信者の間では、山麓の湖沼8つを巡る水行「内八海巡り」が定着。西湖を含む富士五湖は、どの時代においても必ず内八海に数えられてきた。

西湖は、御坂山塊、足和田山塊、青木ヶ原樹海に接する自然豊かな湖で、ヒメマス釣りが主要なレジャーの一つとなっている。また、2010（平成22）年には、環境庁のレッドリストで「絶滅種」に指定されていたクニマスが70年ぶりに発見されたことで話題となった。

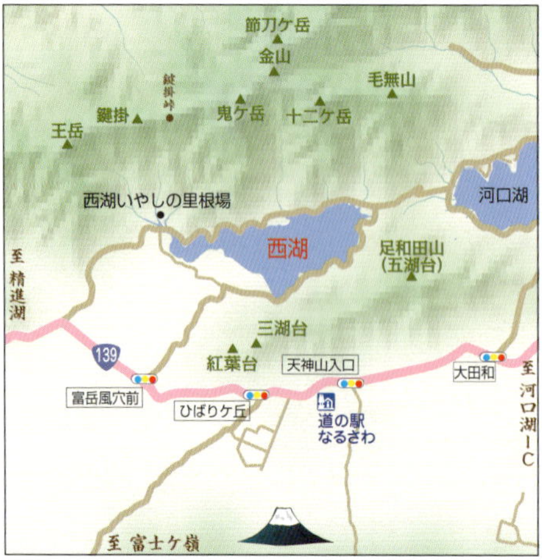

豆知識 クニマス

田沢湖（秋田県）の固有種。田沢湖で絶滅する以前、クニマスの卵を放流するため、西湖や本栖湖、琵琶湖に運ばれた記録がある。2010（平成22）年、京都大の魚類学の教授が、エラや消化器の構造、遺伝子解析などを行い、交雑種でないクニマスであることが判明した。

近隣スポット

西湖いやしの里根場

【所在地】南都留郡富士河口湖町西湖根場 2710【問い合わせ先】TEL 0555-20-4677

道の駅なるさわ

【所在地】南都留郡鳴沢村ジラゴンノ 8532-63【問い合わせ先】TEL 0555-85-3900

精《しょう》進《じ》湖《こ》

（山梨県富士河口湖町）

1周約7キロと、富士五湖の中で最も小さい湖。ここから眺める富士山は、手前にある大室山を抱きかかえているように見えることから「子抱き富士」とも呼ばれる。

四季折々の美しい表情を見せ、昔から多くの人々を魅了してきた。1895(明治28) 年に日本に帰化した英国人ハリー・スチュワート・ホイットウォーズは、日本有数の避暑地として広く海外に紹介。湖畔には山梨県内初の洋式ホテルを建設した。現在では、ヘラブナ釣りのメッカとして多くの太公望が訪れている。毎年8月4日に涼湖祭が開かれ、花火大会、灯ろう流しが行われる。

豆知識 ハリー・スチュワート・ホイットウォーズ

和名・星野芳春。明治時代の中頃に来日し、箱根のホテルなどで働いていたが、富士山が最も美しく見える場所を探し続け、たどり着いたのが精進湖だった。1895（明治28）年に「精進ホテル」を建設。「東洋のスイス」「ジャパン・ショージ」として、世界にその魅力を発信した。

近隣スポット

東海自然歩道

【所在地】南都留郡富士河口湖町

【問い合わせ先】富士河口湖町観光課 TEL 0555-72-3168

本栖湖《もとすこ》

（山梨県身延町、富士河口湖町）

最大水深約120メートルと、富士五湖の中で最も深く、透明度が高い湖。澄んだ湖の背景に富士山の裾野が広がる景観は、日本の紙幣の図柄として複数回使用されている。

多くの写真家に愛され、撮影されてきた富士山だが、中でも生涯にわたり富士山を追い続けた岡田紅陽が1935（昭和10）年、本栖湖西北岸の峠道から湖面に映える「逆さ富士」を撮影した《湖畔の春》は有名。この写真は五千円札、千円札の図柄として使用された。また、ウインドサーフィンのメッカとして、夏季には多くのウインドサーファーで賑わう。

豆知識　岡田紅陽（1895 – 1972）

新潟県十日町市生まれ。学生時代、友人からカメラを借りて富士山の写真を撮ったのがきっかけで、以後、富士山の撮影をライフワークとした。富士写真協会、日本観光写真連盟を創設し、後進の指導にもあたった。山梨県忍野村には同氏の功績を顕彰する写真美術館がある。

近隣スポット

富士本栖湖リゾート

【所在地】南都留郡富士河口湖町本栖字割石 212

【問い合わせ先】TEL 0555-89-2127

世界遺産「富士山」●構成資産

信仰Ⅰ

（浅間神社を中心に）

富士山本宮浅間大社

山宮浅間神社

村山浅間神社

須山浅間神社

冨士浅間神社（須走浅間神社）

河口浅間神社

冨士御室浅間神社

御師住宅（旧外川家住宅）

御師住宅（小佐野家住宅）

富士山本宮浅間大社《ふじさんほんぐうせんげんたいしゃ》

（静岡県富士宮市）

全国に多数ある浅間神社の総本宮とされる。同大社の社伝によると、富士山により近い遥拝所であった山宮浅間神社から806（大同元）年に、現在地に遷宮されたと記されており、古くから富士山南麓地域の中心的神社だった。

各時代の権力者とのつながりも深く、登拝の拡大に伴い富士山中での諸権利が構築されていく中、浅間大社は徳川家康の庇護の下、1604（慶長9）年に「浅間造り」と呼ばれる独特な二層構造を持った現在の本殿（国指定重要文化財）などが造営された。また、境内には、富士山の湧水を起源とする国特別天然記念物の湧玉池があるが、浅間大社は、湧水によって噴火を鎮めるという考え方から、湧玉池のほとりに置かれたとされる。

16世紀の絵図には、湧玉池で水垢離（道者が身を清める）する様子が描かれ、この水垢離は1920～30年代まで行われた。なお、現在もこの湧水を聖なる水として利用する人が多い。

近隣スポット **岩本山公園**

【所在地】静岡県富士市岩本字花木立1605【問い合わせ先】TEL 0545-55-3553

富士山本宮

山宮浅間神社《やまみやせんげんじんじゃ》

（静岡県富士宮市）

古代、人々は噴火を繰り返す富士山を畏れ、それを鎮めるため、富士山の麓に「浅間神社」を建立した。富士山本宮浅間大社の社伝によれば、その前身が山宮浅間神社とされている。

山宮浅間神社には本来、社殿が位置すべき場所に建物はなく、富士山を望む場所に、遥拝所だけが設けられている。富士山を直接遥拝し、祭儀を行うことを目的として築造されたと推定される施設で、南北約15メートル、東西約8メートルの長方形をし、30～40センチの溶岩を用いた石列を組むことで区分されている。その主軸は富士山方向を向き、この特異な形態からは、古代の富士山祭祀をみることができる。

社伝によれば、山宮浅間神社の創建年代は「神話の時代」とされるが不詳で、発掘調査では、神事に用いいたと思われる12～15世紀の土器が出土している。

近隣スポット

奇石博物館

【所在地】静岡県富士宮市山宮 3670【問い合わせ先】TEL 0544-58-3830

村山浅間神社《むらやませんげんじんじゃ》

（静岡県富士宮市）

12 世紀前半から中頃の修行僧・末代上人によって創建されたとされる。1868（慶応 4）年の神仏分離令までは神仏習合の宗教施設として「興法寺」と呼ばれていた。14 世紀初頭には、僧の頼尊による組織化により、富士山における修験道の中心地になったと考えられている。組織化されたのは西方からの修験者で、これは興法寺が修験道の中心を担っていた京都・聖護院と関係を持っていたためだといわれている。

しかし、神仏分離令により興法寺は村山浅間神社と大日堂に分離。1872（明治 5）年には修験道自体が禁止され、さらに 2 年後の廃仏毀釈により山頂や村山浅間神社にあった仏像の一部が撤去され、この大日堂に集められて閉ざされた。ただ、修験者の活動は 1940 年代まで継続されていたという。

近隣スポット

富士山こどもの国

【所在地】静岡県富士市桑崎 1015【問い合わせ先】TEL 0545-22-5555

富士サファリパーク

【所在地】静岡県裾野市須山字藤原 2255-27【問い合わせ先】TEL 055-998-1311

裾野市立富士山資料館

【所在地】静岡県裾野市須山 2255-39【問い合わせ先】TEL 055-998-1325

須山浅間神社《すやませんげんじんじゃ》

（静岡県裾野市）

須山口登山道の起点にあたる神社。社伝によれば日本武尊《やまとたけるのみこと》が東征の折に創建したとされ、棟札により、遅くとも1524（大永4）年には存在していたことが分かる。

現在の本殿は1823（文政6）年に再建されたもの。15世紀後半の須山口登山道に関する記述や、16世紀前半の地元支配者である武田氏の寄進状から、この時期には富士山南東麓の信仰登山活動に大きな意味を持っていたと考えられている。しかし、1707（宝永4）年の宝永噴火によって須山口登山道は埋没。その後、1780（安永9）年に登山道が本格的復興を果たすと、富士山以東を中心とした道者が立ち寄り、賑わった。参道には御神木を含むスギの大樹が立ち並び、江戸期奉納の灯籠や水盤を見ることができる。

近隣スポット

駒門風穴《こまかどかざあな》（国指定天然記念物）

【所在地】静岡県御殿場市駒門69【問い合わせ先】TEL 0550-87-3965

富士山樹空の森

【所在地】静岡県御殿場市印野1380-15【問い合わせ先】TEL 0550-80-3776

富士《ふじ》浅間《せんげん》神社《じんじゃ》（須走《すばしり》浅間《せんげん》神社《じんじゃ》）

（静岡県小山町）

須走口登山道の起点となる神社で、富士山東口本宮と称される。社伝によれば、807（大同2）年に社殿を造営したとされ、16世紀には地元支配者である武田氏の庇護を受け、富士山山頂部の散銭取得権の一部を得ている。また須走口登山道についての記録などからも、この時期には同神社が富士山東麓の信仰登山活動に大きな意味を持っていたと考えられている。

本殿は1707（宝永4）年の宝永噴火で崩壊し、1718（享保3）年に再建された。再建後の絵図によれば、現在と同じように鳥居・参道・神門（楼門）と、その奥に拝殿・幣殿・本殿が立ち並んでいたようだ。2009（平成21）年の本殿修理によって、1718年以降の修築における痕跡が多数発見され、どの修築時にも1718年の再建時に使用した部材が継続して使われていることが判明した。境内にはハルニレの木や「根上がりのモミの木」などの文化財が点在するほか、野鳥も多く生息し、地域の人々から親しまれている。

近隣スポット **道の駅すばしり**

【所在地】静岡県駿東郡小山町須走338-44【問い合わせ先】TEL 0550-75-6363

國威震耀

河口浅間神社《かわぐちあさまじんじゃ》

（山梨県富士河口湖町）

864（貞観6）～866（同8）年に富士山で起こった噴火を契機に、北麓側に初めて建立された「浅間神社」がこの河口浅間神社だと考えられている。同神社を中心とした河口の地は、甲府盆地から続く官道の宿駅という役割に加え、富士登拝が大衆化した16世紀以降、ピーク時には140軒以上だったという御師集落として発展を遂げた。

しかし、江戸における富士講の大流行と、それに伴う吉田御師の隆盛により、河口の御師集落としての機能は、19世紀以降衰退していった。ただし、同神社は、現在も富士山と密接に結びついた宗教行事を行っている。4月25日に開催される「孫見祭」では、祭神である木花《このはな》開耶姫《さくやひめ》が産着を持って、神社から孫のいる河口湖畔の産屋ケ崎へ神幸がなされる。また、参道には樹齢約800年の杉並木が植えられ、厳かな雰囲気が漂う。

豆知識 木花開耶姫

山の神・大山《おおやま》祇《つ》神《み》の娘といわれる。天照大神《あまてらすおおみかみ》の御孫・瓊瓊杵尊《ににぎのみこと》の妃となったが、貞操を疑われたため、産屋に火をかけて出産したという伝説が残る。火山の神、安産の神、子育ての神として祀られていることが多い。

近隣スポット

母の白滝

【所在地】南都留郡富士河口湖町河口

【問い合わせ先】富士河口湖町観光課 TEL 0555-72-3168

献燈
献燈

富士御室浅間神社《ふじおむろせんげんじんじゃ》

（山梨県富士河口湖町）

19 世紀に編纂された甲斐の国の地誌である『甲斐国志』によれば、本宮《もとみや》は 9 世紀の初頭、吉田口登山道二合目の地に建立されたという。富士山における修験道の拠点は富士宮市の村山浅間神社（興法寺）だが、北面の二合目にある御室の地にも山内の信仰拠点として役行者堂が建立された。その後、同地に浅間神社や寺院が創られ、吉田口登山道沿いの拠点となっていった。

本宮は富士山中という厳しい自然環境からたびたび破損し、その都度、修復されてきたという。1973（昭和 48）～1974（同 49）年には本殿保存のため、里宮の地にそのままの形で移設され、国指定の重要文化財となっている。また、武田三代の祈願所として、信玄自筆の安産祈願文や自刻の座像、武田不動明王のほか、山梨の中世の歴史を記した『勝山記』も保管されている。本殿では、毎年 4 月 29 日に流鏑馬祭が開催されている。

豆知識　甲斐国志

江戸幕府の甲府勤番支配であった松平定能が幕府の命を受けて編集にかかり、1814（文化 11）年に成立した甲斐国（山梨）の地誌。71 巻からなり、科学的・学術的分析に秀でていることから、この時期に編纂された諸国地誌では、最高と称されることが多い。

近隣スポット　**道の駅かつやま**

【所在地】南都留郡富士河口湖町勝山 3758-1【問い合わせ先】TEL 0555-72-5633

浅間大神

御《お》師《し》住《じゅう》宅《たく》(旧《きゅう》外《と》川《がわ》家《け》住《じゅう》宅《たく》)

(山梨県富士吉田市)

普段は富士山信仰の布教活動と祈祷を生業とし、夏季になれば道者の登拝のため宿泊や食事などの世話をしていたのが御師。富士山御師を代表する吉田の御師は、吉田口登山道の起点である北口本宮冨士浅間神社の周辺に大規模な御師集落を形成。ピーク時は80軒以上にもなった。

先達に導かれつつ、身を清めて御師の家に入った富士講信者は、最も奥に設けられた神殿で御師とともに拝礼し、登拝の準備をした。1768(明和5)年の建築と、最も古い御師住宅である旧外川家住宅では、富士講の隆盛による信者の増大に対応するため、1860(万延元)年頃に離れ座敷を増築、ここに新たな神殿を設けた。また、敷地内には、登拝前に禊が行われた水路が残るほか、御師の家々で刷られた御神符など富士山信仰に関わりのあるものが並び、御師の役割や富士山信仰について伝えている。

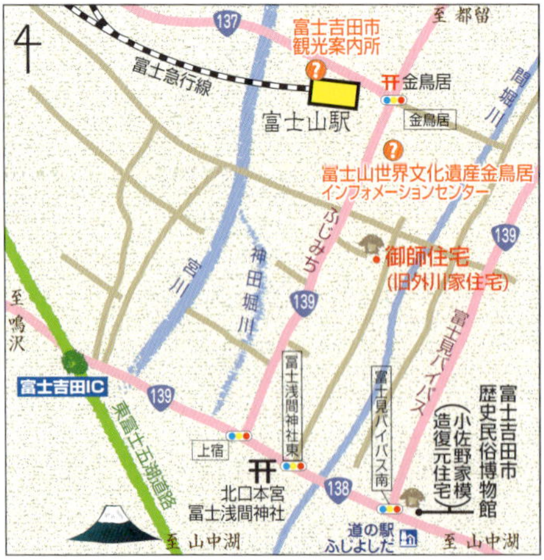

近隣スポット

富士吉田市歴史民俗博物館

【所在地】富士吉田市上吉田 2288-1【問い合わせ先】TEL 0555-24-2411

フジヤマミュージアム

【所在地】富士吉田市新西原 5-6-1【問い合わせ先】TEL 0555-22-8223

御師旧外川家住宅

御《お》師《し》住宅《じゅうたく》(小佐野《おさの》家《け》住宅《じゅうたく》)

(山梨県富士吉田市)

御師屋敷の多くは、間口が狭く、奥に長い短冊状の地形に建てられた。表通りに面して導入路を設け、敷地を流れる水路の奥に、住宅兼宿坊の建物を造った。式台玄関から奥へは客室が続き、最奥部や主屋の奥に増築された離れ座敷には神殿を設けた。登拝に来た富士講信者は、導入路を通り水路で手足を清めて御師住宅に着くと、先達は式台玄関から、その他の信者は庭の縁側から屋敷に入り、神殿で拝みを行って登拝の準備をした。

小佐野家は代々、北口本宮富士浅間神社に属する御師を務め、上総、下総両国などの講社と密接な関係にあった。現在の建物は、格式的な構えが確立したころの1861(文久元)年に再建されたもの。富士講最盛期における吉田御師の住宅の典型的な形態をそのまま残している。小佐野家住宅は非公開で、富士吉田市歴史民俗博物館において模造復元住宅を見ることができる(写真はすべて模造復元住宅)。

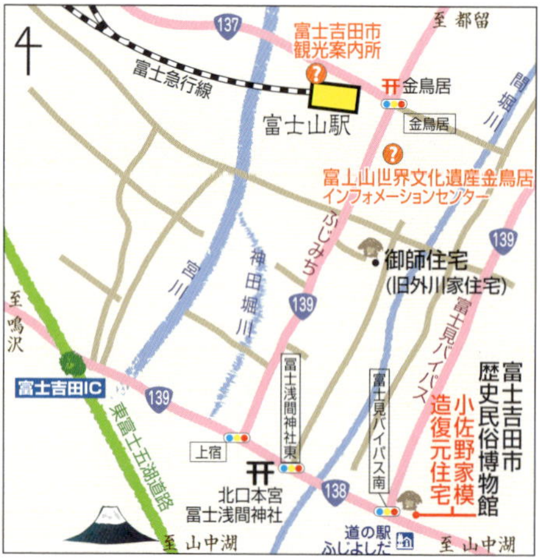

近隣スポット

富士吉田市歴史民俗博物館

【所在地】富士吉田市上吉田 2288-1【問い合わせ先】TEL 0555-24-2411

フジヤマミュージアム

【所在地】富士吉田市新西原 5-6-1【問い合わせ先】TEL 0555-22-8223

げだん
下段

世界遺産「富士山」● 構成資産

信仰Ⅱ

（名勝、天然記念物を中心に）

山中湖

河口湖

忍野八海

船津胎内樹型

吉田胎内樹型

人穴富士講遺跡

白糸ノ滝

三保松原

山中《やまなか》湖《こ》

（山梨県山中湖村）

富士講信者には登山に当たって「八海巡り」の修法があった。八海には、「富士外八海」「内八海」「元八湖」があり、この中のいずれかの八海を巡拝する。このうち内八海とは、富士山北麓にある八湖のことで、富士五湖をはじめとする湖沼。時代や資料により「須津湖」「芦ノ湖」「琵琶湖」「吉原浮島」「明見湖」「四尾連湖」「泉水」が挙げられるが、富士五湖は常に内八海へと含まれていた。元八湖（富士山根元八湖）は忍野八海をいう。

内八海の一つである山中湖は、古来、度重なる噴火によって現在の姿が形成された。また湖畔には、富士講の信者が1801（享和元）年に建てた「鯉奉納碑」がある。現在の埼玉県寄居町にあった富士講の一派・丸正鐘講の人々が、捕らえられた生き物を放してやる「放生会」というしきたりにより、鯉を放した記念に建てたとされるもの。

現在では河口湖と並んで富士北麓地域屈指の観光スポット。湖畔には民宿や別荘なども多く、冬場はワカサギ釣りが人気。全面結氷すれば穴釣りを楽しむこともできる。

近隣スポット

山中湖文学の森公園

【所在地】南都留郡山中湖村平野 506-296
【問い合わせ先】山中湖村観光課 TEL 0555-62-9977

山中湖花の都公園

【所在地】南都留郡山中湖村山中 1650【問い合わせ先】TEL 0555-62-5587

山梨県

河口湖《かわぐちこ》

（山梨県富士河口湖町）

富士山周辺の湖を巡って厳しい修行を行う「内八海巡り」は、多くの富士講信者によって行われたが、特に河口湖を含む富士五湖は、長谷川角行の水行から、いつの時代も変わらず巡礼の対象として数えられている。道者は白の行衣、菅笠、金剛杖姿で「懺悔、懺悔、六根清浄」と唱えながら道中し、湖辺では水神への祈りを捧げて心身を清め、多くは北口本宮冨士浅間神社に参り、富士に登拝したといわれる。

また、湖面に映える富士山は「逆さ富士」と呼ばれ、景勝地としても有名。特に河口湖は多くの芸術家とゆかりが深く、風光明媚な景観を題材にした文学や絵画も多い。代表的なものとしては、葛飾北斎の「甲州三坂水面」や歌川広重の「甲斐御坂越」などが挙げられる。湖畔には6月から7月にかけてラベンダーが咲き誇り、8月は湖上祭の花火が有名。

近隣スポット

山梨県立富士ビジターセンター

【所在地】南都留郡富士河口湖町船津 6663-1
【問い合わせ先】TEL 0555-72-0259

勝山歴史民俗資料館

【所在地】南都留郡富士河口湖町勝山 3951
【問い合わせ先】
富士河口湖町教育委員会生涯学習課
TEL 0555-72-6053

忍野八海《おしのはっかい》

（山梨県忍野村）

富士山の伏流水による８つの湧水池からなる。それぞれが八大竜王を祀り、富士山信仰の巡拝地となっていた。八大竜王は法華経に現れる法護善神で、雨や水を司る神といわれる。富士五湖を含む「内八海巡り」と同様、長谷川角行が富士山麓の湖沼で水行をしたという伝説に基づき、忍野八海を巡る「富士山根元八湖」の行が、道者や富士講信者の間で盛んに行われた。

忍野八海を巡るこの巡礼は、1843（天保14）年に富士講信者によって始められたとされる。また、水質、水量、保全状況、景観の良さから、全国名水百選に選定されている。

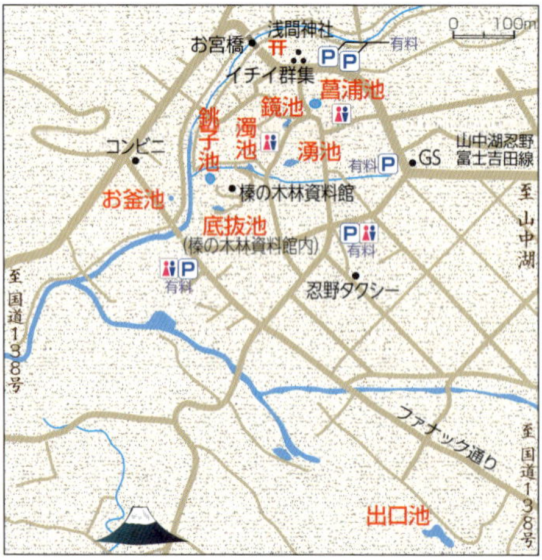

豆知識 全国名水百選

「保全状況が良好」「保全活動を行っている」といった定義に基づいて1985（昭和60）年に環境庁（現・環境省）が選定した湧水・河川（用水）・地下水。環境省は2008（平成20）年に「平成の名水百選」を選定したが、忍野八海は「昭和の名水百選」に属する。

近隣スポット

森の中の水族館。―山梨県立富士湧水の里水族館―

【所在地】南都留郡忍野村忍草 3098-1　さかな公園内

【問い合わせ先】TEL 0555-20-5135

湧池《わくいけ》

八海巡り第五番の霊場として、八大竜王の一神である徳叉《とくしゃ》迦《か》竜王《りゅうおう》を祀る。湧出量ならびに景観は八海中随一。直径約12メートルの逆円錐状の池で、深さは約5メートル。池の北端の開口部から湧き出る地下水の勢いによって、周辺のセキショウモがひるがえるほど。石碑には「いまもなほはく池水に守神のすえの世かけてかはらぬぞしる」と和歌が刻まれている。現在も住民の飲用、かん漑用水供給源として利用されており、毎年5月2～4日には、富士山の霊神である木花開耶姫《このはなさくやひめ》の祭りが行われる。

お釜池《かまいけ》

八海巡り第二番の霊場。忍野八海中で最も小さい池だが、底は非常に深い。跋難《ばつなん》蛇《だ》竜王《りゅうおう》を祀り、かつては、「ふじの根のふもとの原にわきいづる水は此の世のおかまなりけり」という和歌が刻まれた石碑があったと伝えられている。

釜中に熱湯が沸騰するように湧水することから「お釜池」の名が付けられたといわれるが、池から現れた大きなガマガエルが村の娘を水中に引き込み、遺体すら上がらなかったという伝説から「大蟇池」ともいう。

出口池《でぐちいけ》

八海巡り第一の霊場で、忍野八海の中で最も面積が広い。名称は忍草集落の出口に位置したことから。富士山の雪が解けて染み出た清らかな湧水であることから「清浄な霊水」と呼ばれ、道者たちは、この水でけがれを祓ってから登山したという。また、この池の水を備えることで、無事に登山ができるという言い伝えもあり、「精進池」とも呼ばれた。難陀竜王《なんだりゅうおう》が祀られ、石碑には「あめつちのひらける時にうこきなきおやまのみつの出口たうとき」との和歌が刻まれている。後方の池を見下ろす林の中には、出口稲荷大明神の神社がある。

出口池

底抜池《そこなしいけ》

八海巡り第三番霊場として娑加羅竜王《しゃからりゅうおう》を祀る。「榛《はん》の木林資料館」の敷地内、モミなどの古木が生い茂る静かな場所にある。楕円形で浅く、最深部でも1.5メートルしかないが、池底には泥が厚く堆積しており、本当の深さは不明。この池に物を落とすと行方が分からなくなるといわれ、しばらくするとお釜池に浮かび上がってくることがたびたび起こったという。また、この池で物を洗うことは神域を汚すものと語り継がれている。池畔の石碑には「くむからにつみはきへなん御仏のちかひぞふかきそこぬけの池」と詠んだ和歌が刻まれている。

底抜池

銚子池《ちょうしいけ》

八海巡り第四番の霊場。直径約9メートル、深さ約3メートルの小川に流出する池で、形状が長柄の銚子に似ている。湧水状態は間欠的。昔、結婚式中におならをし、恥ずかしさのあまり、銚子を抱いたままこの池に身投げした美しい花嫁が、池の底に姿を見せるという伝説から「縁結びの池」ともいわれる。和脩吉竜王《わしゅきちりゅうおう》を祀り、石碑には「くめばこそ銚子の池もさはぐらんもとより水に波のある川」との和歌が刻まれている。

銚子池

濁池

濁池《にごりいけ》

八海巡り第六番の霊場。ほぼ楕円形の小池だが、川の一部となっていて、池としての景観をとどめる程度。名前は濁池だが、現在は濁っているわけではない。伝説によれば、もともと澄んだ池だったが、ある日みすぼらしい行者がやって来て、この池の地主に一杯の飲み水を求めたが、地主が無愛想に断った途端、池は急に濁ってしまった。しかし、その水をくみ取ると、澄んだ水に変わったという。阿《あ》那《な》婆《ば》達《たつ》多《だ》竜王《りゅうおう》を祀り、石碑には「ひれならす龍の都のあらましきくみてしれとやにごる池水」との和歌が刻まれている。

鏡池

鏡池《かがみいけ》

八海巡り第七番の霊場。不規則な長方形の小池で、湧出量は極めて少ない。水は常に濁っているが、風のないときは美しい富士山の姿がはっきりと映るため、この名が付けられた。

池の水は、諸事の善悪を見分ける霊力があるといわれ、昔から集落内でもめごとが起きると、双方がこの池の水で身を清め、祈願したといわれる。麻《ま》那《な》斯《し》竜王《りゅうおう》を祀り、かつて池畔にあった石碑には「そこすみてのどけき池はこれぞこのしろたへの雪のしづくなるらん」という和歌が刻まれていたという。

菖蒲池

菖蒲池《しょうぶいけ》

細長い沼状の池で、八海巡り第八番の霊場。奥には「八海菖蒲池公園」もある。昔は悪疫が流行した際、村人がここのショウブを取って身体に巻き付ける風習があったという。また、旧正月14日には筒粥の神事をこの池で行い、年内五穀の豊凶を占ったと伝えられている。優《う》鉢《は》羅《ら》竜王《りゅうおう》を祀り、石碑には「あやめ草名におふ池はくもりなきさつきの鏡みるここちなり」との和歌が刻まれている。

山梨県

船津胎内樹型《ふなつたいないじゅけい》

（山梨県富士河口湖町）

溶岩が流れ下る際、樹木を封じ込め、樹木が焼失して樹型だけが空洞状に残ったものを溶岩樹型という。このうち、内部の形態が人間の胎内に似たものが「御胎内」と呼ばれて信仰の対象となり、「胎内巡り」と称して、洞内を巡る信仰行為が行われるようになった。

17世紀初頭に長谷川角行が富士登拝した際、北麓に船津胎内樹型のひとつを発見し、浅間大神を祀ったという。1673(延宝元)年には村上光清によって船津胎内樹型でも最大のものが発見され、改めて浅間大神が祀られた。このとき、入り口付近には無戸室《うつむろ》浅間神社の社殿も建立された。船津の御胎内は「母の胎内」「父の胎内」と呼ばれる２つの樹型が主で、このうち母の胎内には木花《このはな》開耶姫《さくやひめ》が祀られている。

山梨県

吉田胎内樹型《よしだたいないじゅけい》

（山梨県富士吉田市）

937(承平7)年の富士山噴火によって流出した剣丸尾溶岩流の東の縁にある。吉田胎内本穴と呼ばれる樹型を主体に、周辺には60以上に及ぶ大小の溶岩樹型が点在している。

1892(明治２５)年に富士講信者によって発見され、多くの富士講信者から祈りの対象として重視され、この２つの「御胎内」が一連の霊地として位置付けられた。そして古くから、富士講信者や御師たちによって守られてきた。「御胎内」として整備された吉田胎内樹型には、船津胎内樹型の「母の胎内」と同じく、富士講にとって浅間大神の化身であり、富士山の祭神でもあるとされる木花開耶姫《このはなさくやひめ》が祀られている。現在も年に一度、吉田胎内祭が開かれ、富士山北口御師団、富士講指導者の先達、行者などが神事を行っている。

近隣スポット

河口湖フィールドセンター
【所在地】南都留郡富士河口湖町船津 6603
【問い合わせ先】TEL 0555-72-4331

船津胎内樹型

吉田胎内樹型

船津胎内樹型

吉田胎内樹型

人穴《ひとあな》富《ふ》士《じ》講《こう》遺《い》跡《せき》

（静岡県富士宮市）

富士山の側火山の一つである犬涼み山の溶岩流内にできた、長さ約83メートルの風穴「人穴」と、富士講信者らが建立した200基を超える碑塔などがある。13世紀には「浅間大神がおわす場所」として神聖視されていたことが知られ、富士講関連の古文書によれば、16世紀～17世紀、富士講の開祖・長谷川角行が人穴にこもって修行。浅間大神の啓示を得たとされ、そこで入滅したとされる。また角行は人穴を「浄土(浄土門)」と述べたと伝えられ、その結果、熱心な富士講信者が参拝し、修行を行ったほか、角行などの供養・顕彰碑や登拝回数の記念碑などを建立した。

風穴は、南西の端が進入口となり、風穴中央部でくの字型に曲がっている。風穴内には、祠や碑塔3基、石仏4基が建立され、入口から約20メートルの位置に祠が、30メートルの屈曲部手前中央に直径約5メートルの溶岩柱がある。1942(昭和17)年、付近が軍用地になったことから、人穴の浅間神社は移転。富士講の活動が衰退したため、碑は1964(昭和39)年の建立を最期に途絶えた。

真山善行

白糸《しらいと》ノ滝《たき》

（静岡県富士宮市）

富士山の湧水を起源とする大小数百の滝が、幅200メートルの湾曲した絶壁から流れ落ちている。富士講関連の古文書によれば、長谷川角行が人穴での修行と併せて水行を行った地とされ、富士講信者を中心に、人々の巡礼・修行の場となった。「白糸」という名の通り、幾筋もの絹糸を垂らしたような繊細な美しさがある名瀑で、景勝地としても有名。

『白糸漠図』などの絵画に描かれたほか、源頼朝が和歌を詠んだともいわれている。1990（平成2）年に「日本の滝百選」に選定された。また、白糸ノ滝の上にある池は「おびん水」と呼ばれ、角行が白糸ノ滝での水行の際、1日6度の水垢離をしたという。おびん水も富士講の霊場の一つで、岩窟を取り囲む岩には多くの文字が刻み込まれている。

近隣スポット **休暇村富士**

【所在地】静岡県富士宮市佐折634【問い合わせ先】TEL 0544-54-5200

三保松原《みほのまつばら》

（静岡県静岡市）

約5万本のクロマツが海岸線4.5キロを中心に立ち並ぶ。特に、古代、富士山に関わりがあるとされる天女と、地元漁師との交流を描いた「羽衣伝説」の舞台とされる「羽衣の松」付近は、松林越しに富士山を望む景勝地として知られる。『万葉集』をはじめ、古来、多くの芸術作品に取り上げられているが、中でも「羽衣伝説」を題材とした歌謡「羽衣」は19世紀後半、海外に伝えられ、イェーツ、パウンドといったモダニズムの作家に影響を与えるとともに、日本の伝統芸能「能」が世界に広まるきっかけの一つとなった。

「羽衣の松」付近には、「羽衣」を舞踊化したフランスのバレリーナ、エレーヌ・ジュグラリスの碑も建っている。また、絵画においては16世紀以降、富士山を描く際の典型的な構図に含まれる景勝地となり、歌川広重などの作品によって広く海外に伝わった。

近隣スポット

日本平

【所在地】静岡市駿河区池田～清水区馬走

国宝　久能山東照宮

【所在地】静岡県静岡市駿河区根古屋390【問い合わせ先】TEL 054-237-9456

フォトミュージアム

富士の四季

本栖湖の逆さ富士（10月）

春

富士河口湖町・富士本栖湖リゾートの芝桜と富士山（5月）

笛吹市芦川町と富士河口湖町の境界にある新道峠からの夜景（5月）

富士吉田市・
富士見孝徳公園の
桜と富士山（4月）

夏

山小屋の灯りと登山者の列が織りなす光の帯（8月）

富士河口湖町・大石公園のラベンダー畑と富士山（7月）

秋

ライトアップされた河口湖畔の紅葉と富士山 (11月)

上空から見た、富士山を彩る黄葉（10月）

紅葉の後方にそびえる富士山（11月）

冬

北側上空から（1月）

山中湖から見た、満天の夜空と富士山（12月）

いつまでも
富士山を
世界遺産に

世界遺産登録

富士山

構成資産ガイドブック

平成25年（2013）7月1日　初版第1刷発行
平成26年（2014）2月28日　初版第2刷発行

編集協力　富士山世界文化遺産登録推進両県合同会議

編集発行　山梨日日新聞社
〒400-8515　甲府市北口二丁目6-10
電話 055（231）3105（出版部）

印刷　（株）サンニチ印刷

ISBN978-4-89710-112-5